Les réseaux Wifi et sa planification en environnement "indoor"

Nasri Hasni

Les réseaux Wifi et sa planification en environnement "indoor"

Éditions universitaires européennes

Impressum / Mentions légales

Bibliografische Information der Deutschen Nationalbibliothek: Die Deutsche Nationalbibliothek verzeichnet diese Publikation in der Deutschen Nationalbibliografie; detaillierte bibliografische Daten sind im Internet über http://dnb.d-nb.de abrufbar.

Alle in diesem Buch genannten Marken und Produktnamen unterliegen warenzeichen-, marken- oder patentrechtlichem Schutz bzw. sind Warenzeichen oder eingetragene Warenzeichen der jeweiligen Inhaber. Die Wiedergabe von Marken, Produktnamen, Gebrauchsnamen, Handelsnamen, Warenbezeichnungen u.s.w. in diesem Werk berechtigt auch ohne besondere Kennzeichnung nicht zu der Annahme, dass solche Namen im Sinne der Warenzeichen- und Markenschutzgesetzgebung als frei zu betrachten wären und daher von jedermann benutzt werden dürften.

Information bibliographique publiée par la Deutsche Nationalbibliothek: La Deutsche Nationalbibliothek inscrit cette publication à la Deutsche Nationalbibliografie; des données bibliographiques détaillées sont disponibles sur internet à l'adresse http://dnb.d-nb.de.

Toutes marques et noms de produits mentionnés dans ce livre demeurent sous la protection des marques, des marques déposées et des brevets, et sont des marques ou des marques déposées de leurs détenteurs respectifs. L'utilisation des marques, noms de produits, noms communs, noms commerciaux, descriptions de produits, etc, même sans qu'ils soient mentionnés de façon particulière dans ce livre ne signifie en aucune façon que ces noms peuvent être utilisés sans restriction à l'égard de la législation pour la protection des marques et des marques déposées et pourraient donc être utilisés par quiconque.

Coverbild / Photo de couverture: www.ingimage.com

Verlag / Editeur:
Éditions universitaires européennes
ist ein Imprint der / est une marque déposée de
OmniScriptum GmbH & Co. KG
Heinrich-Böcking-Str. 6-8, 66121 Saarbrücken, Deutschland / Allemagne
Email: info@editions-ue.com

Herstellung: siehe letzte Seite /
Impression: voir la dernière page
ISBN: 978-3-8417-4751-8

Table des matières

Introduction générale 1

Chapitre 1:La transmission radio 4

  1.1. Introduction 4

  1.2. Les ondes radio 4

    1.2.1. Les ondes électromagnétiques 4

    1.2.2. Le spectre électromagnétique 5

    1.2.3. La propagation des ondes radio 7

      1.2.3.1. La propagation en vue directe 7

      1.2.3.2. La propagation en espace confiné 8

      1.2.3.3. Les phénomènes physiques 8

  1.3. Les paramètres d'un canal radio 10

  1.4. Principe de la transmission radio 11

  1.5. Les technologies des réseaux sans fil radio 12

    1.5.2. Réseaux locaux sans fil (WLAN) 13

    1.5.3. Réseaux métropolitains sans fil (WMAN) 14

    1.5.4. Réseaux étendus sans fil (WWAN) 14

  1.6. Conclusion 15

Chapitre 2: Généralités sur les réseaux Wifi (IEEE 802.11 a, b, g) 17

  2.1. Introduction 17

  2.2. Présentation de la technologie Wifi 17

  2.3. Architecture des réseaux WIFI 18

    2.3.1. Les équipements Wifi 18

      2.3.1.1. Les antennes Wifi 18

2.3.1.2. Les adaptateurs sans fil ou cartes d'accès: 19

2.3.1.3. Les points d'accès : 20

2.3.1.4. DSLAM 20

2.3.2. Notion de cellule 21

2.3.3. Les modes opératoires des réseaux Wifi 22

2.3.3.1. Le mode ad hoc 22

2.3.3.2. Le mode infrastructure 23

2.4. Les couches 802.11 26

2.5. Méthodes d'accès 29

2.6. Trame MAC 31

2.7. Mobilité 33

2.8. Sécurité 33

2.9. Les différentes normes de réseau Wifi 34

2.10 Conclusion 35

Chapitre 3: Planification des réseaux Wifi en environnement indoor 37

3.1. Introduction 37

3.2. Les réseaux Wifi en environnement indoor 37

3.2.1. Caractéristiques des environnements indoor 37

3.2.2. Problématique des réseaux Wifi en environnement indoor 38

3.2.3. Atténuation du signal due aux obstacles 39

3.3. Processus de planification 40

3.3.1. Description des bâtiments 41

3.3.2. Choix d'antenne 42

3.3.3. Positionnement des points d'accès 43

3.3.4. Configuration du point d'accès 45

3.4. Conclusion 45

Chapitre 4: Implémentation de l'outil de planification 47

4.1. Introduction 47

4.2. Problématique 47

4.3. Cahier de charge 47

4.4. Réalisation 48

4.4.2.1. NetBeans IDE 6.0.1 49

4.4.2.2. Microsoft Office Access 49

4.5. Description de l'outil développé 50

Conclusion générale et perspectives 62

Références 63

Liste des figures

Figure 1. 1: L'onde électromagnétique [7] 5

Figure 1. 2: Classification selon la fréquence 6

Figure 1. 3: Classification selon la longueur d'onde... 7

Figure 1. 4: Les multitrajets... 8

Figure 1. 5: Graphique des pertes en environnement parfait pour une fréquence de 2,45 Ghz [7] 9

Figure 2. 1: Carte WIFI 20

Figure 2. 2: Carte PCMCIA.. 20

Figure 2. 3: Point d'accès 20

Figure 2. 4: DSLAM [8].. 21

Figure 2. 5: La notion de cellule en 802.11.. 21

Figure 2. 6: Mode Ad hoc 22

Figure 2. 7: Mode infrastructure.. 24

Figure 2. 8: Architecture type d'un WLAN.. 26

Figure 4. 1 : la table Bâtiment 50

Figure 4. 2: La table Antenne 50

Figure 4. 3: la fenêtre principale de l'application 51

Figure 4. 4: la fenêtre Antenne de l'application 52

Figure 4. 5: Fenêtre d'Ajout d'une antenne 52

Figure 4. 6:Fenêtre de la modification d'une antenne....................................... 53

Figure 4. 7: Suppression d'une antenne... 53

Figure 4. 8: La fenêtre Bâtiment de l'application 54

Figure 4. 9: Ajouter un bâtiment 55

Figure 4. 10: Modifier un bâtiment 55

Figure 4. 11: Supprimer un bâtiment 56

Figure 4. 12: La fenêtre Tester l'application 57

Figure 4. 13: Exemple de test 58

Figure 4. 14: Le résultat de la planification (jpeg) 59

Liste des tableaux

Tableau 2.1: Situation des couches IEEE 802.11.................................27

Tableau 3. 1: Les valeurs possibles de l'atténuation du signal radio [4].........40

Introduction générale

Introduction générale

L a transmission radio est apparue en 1865, lorsque Maxwell a prouvé l'existence des ondes électromagnétiques. En 1888, Hertz vérifiait l'existence de ces ondes expérimentalement, et en 1893, Tesla puis Marconi avaient fait les premières démonstrations de communication radio [2]. Au cours du 20ème siècle, apparaissent les notions des réseaux consistant à relier les terminaux entre eux par des liaisons filaires. C'est l'exemple du téléphone ou des réseaux informatiques.

Au cours de ces dernières années, les besoins en débits importants n'ont cessé d'augmenter. De nouvelles notions telles que la mobilité et le multimédia sont devenues importantes et même indispensables dans notre vie opérationnelle. Ces notions ont été favorisées par l'explosion du réseau sans fil qui devient de plus en plus présents dans notre société de tous les jours. Aujourd'hui, les évolutions et les nouvelles applications ne cessent de se développer [2] et les normes de réseaux sans fil de se multiplier.

Des normes ont été développées afin d'optimiser le débit ou bien préciser des éléments afin d'assurer une meilleure sécurité ou une meilleure interopérabilité. La technique la plus répandue étant actuellement Wifi (Wireless Fidelity), issue de la norme IEEE 802.11b, qui fournit un débit maximum théorique de 11 Mbps [1].

Grâce au Wifi, il est possible de créer des réseaux locaux sans fil à haut débit. Dans la pratique, le Wifi permet de relier des ordinateurs portables, des machines de bureau, des objets communicants ou même des périphériques à une liaison haut débit sur un rayon de plusieurs dizaines de mètres en intérieur (indoor). Dans un environnement ouvert, la portée peut atteindre plusieurs centaines de mètres.

Le Wifi est principalement dédié au déploiement de réseau en environnement confiné, même si dans certains cas, on l'utilise à l'extérieur. Même si les normes standards donnent une estimation de la portée de ces technologies, il est très difficile de prédire la couverture que l'on peut obtenir à cause de l'impact de l'environnement sur les performances réelles.

En environnement indoor, les ondes radio peuvent subir des atténuations dues à l'environnement, d'où la prédiction de la couverture paraît compliquée. Cependant, ceci devient possible à effectuer après une étude sur les bâtiments d'un ou de plusieurs étages, quelle que soit la localisation du point d'accès et des abonnés raccordés.

Dans ce contexte, s'intègre ce projet qui consiste à développer un outil de planification des réseaux Wifi en environnement indoor en se basant sur les caractéristiques de bâtiments, ainsi que celle de l'antenne utilisée. Cette application permettra de déterminer l'espace qui peut être couvert par un point d'accès ainsi que son emplacement optimal.

Ce rapport est organisé comme suit : après une aperçue générale sur la transmission radio dans le premier chapitre, le deuxième chapitre est dédié à des généralités sur les réseaux Wifi. Dans le troisième chapitre, nous présentons une description du processus de planification des réseaux Wifi en environnement indoor. Le quatrième chapitre décrit l'outil développé.

Chapitre 1:

La transmission radio

La transmission radio

1.1. Introduction

Les ondes radio sont actuellement le support de la plupart des communications sans fil et l'étude de leur propagation devient de plus en plus importante afin de pouvoir prédire l'onde reçue par une station réceptrice, connaissant l'onde émise. Elles sont utilisées pour diverses applications, à l'intérieur ou à l'extérieur.

Dans ce chapitre, nous allons définir l'onde radio, présenter ses paramètres caractéristiques ainsi qu'un aperçu sur le phénomène de la transmission par ce type d'onde.

1.2. Les ondes radio

Dans le cas général, une onde est un phénomène de perturbation dans un milieu élastique (qui est capable de reprendre ses propriétés initiales après le passage de l'onde). C'est donc une propagation d'énergie, engendrée par une perturbation, qui produit sur son passage une variation des propriétés physiques locales [3].

Une onde est caractérisée par un ensemble de caractéristiques (longueur d'onde, fréquence…) permettant de spécifier la famille. En effet, les ondes radio appartiennent à la famille des ondes électromagnétiques.

1.2.1. Les ondes électromagnétiques

L'onde électromagnétique est formée par le couplage des deux composantes : le champ électrique ($\vec{E}$) et le champ magnétique ($\vec{B}$) (Figure 1.1).

Ces deux champs sont perpendiculaires à la direction de propagation, ils sont également perpendiculaires entre eux et leurs variations sont en phase. L'onde électromagnétique est caractérisée par l'amplitude a(t), la polarisation, la fréquence f, la longueur d'onde λ ou encore la vitesse de phase c qui représente la vitesse d'un point de phase constante de l'onde. Ces trois derniers paramètres sont liés par: $\lambda = \dfrac{c}{f}$. Une onde radioélectrique (dite onde radio) est une onde électromagnétique dont la fréquence est inférieure à 3 000 GHz, soit une longueur d'onde supérieure à 0,1 mm.

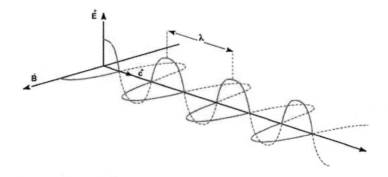

Figure 1. 1: L'onde électromagnétique [7]

1.2.2. Le spectre électromagnétique

Le spectre électromagnétique est un classement de toutes les ondes électromagnétiques en fonction de leur longueur d'onde, leur énergie ou de leur fréquence. Il s'étend des rayons gammas aux ondes radio, c'est-à-dire des ondes les plus courtes aux ondes les plus longues.

Les scientifiques distinguent généralement des gammes de longueurs d'onde:

❖ les ondes radio et les ondes radar sont produites par des courants électriques de haute fréquence.

❖ les ondes infrarouges, la lumière visible et le rayonnement ultraviolet sont produits par des transitions électroniques dans les atomes, concernant les électrons périphériques, ainsi que par le rayonnement thermique; les ondes ultraviolettes ont des effets sur la peau (bronzage, coups de soleil, cancer de la peau);

❖ les rayons X sont produits lors des transitions électroniques. Ils sont par exemple générés par radioactivité (photons de fluorescence émis lors de la réorganisation du cortège électronique d'un atome), par freinage d'électrons (tube à rayons X) ou par rayonnement synchrotron (par déviation de faisceau d'électrons relativistes).

❖ le rayonnement γ est produit par la radioactivité lors de la désexcitation d'un noyau. Ils sont donc en particulier émis par les matériaux radioactifs et les réacteurs nucléaires.

La figure 1.2 représente une subdivision du spectre électromagnétique selon la fréquence.

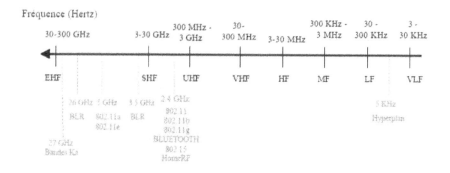

Figure 1. 2: Classification selon la fréquence

La figure 1.3 représente une subdivision du spectre électromagnétique selon la longueur d'onde.

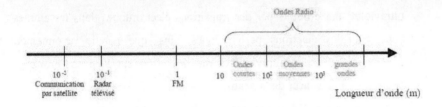

Figure 1. 3: Classification selon la longueur d'onde

1.2.3. La propagation des ondes radio

La propagation des ondes radio est un domaine complexe, surtout en présence des obstacles sur la droite liant l'émetteur et le récepteur. En effet, la propagation dépend souvent du contexte où elle se trouve, spécialement dans les univers plus complexes tels qu'en indoor. Des phénomènes tels que la diffraction, la dispersion, la réflexion, ou encore l'absorption ont un impact direct sur la propagation du signal. Ils peuvent affaiblir la puissance des ondes, ce qui a pour conséquence de limiter la portée de celles-ci. Malheureusement, un calcul exact de ces phénomènes est difficile. C'est pourquoi on commence par détailler la propagation en vue directe, en espace libre sans obstacles.

1.2.3.1. La propagation en vue directe

Dans la propagation en vue directe, il n'existe qu'un seul trajet entre l'émetteur et le récepteur, puisque l'espace libre ne permet pas aux ondes radio de trouver des réflecteurs capables de créer des trajets secondaires. Le signal ne subit pas non plus des phénomènes d'atténuation due aux matériaux traversés.

7

Les ondes radio se propagent en ligne droite dans plusieurs directions. La vitesse de propagation des ondes dans le vide est de 3.10^8 m/s.

La puissance reçue augmente avec la longueur d'onde de la porteuse et diminue lorsque la fréquence de la porteuse augmente.

1.2.3.2. La propagation en espace confiné

La différence fondamentale entre la propagation en espace libre et la propagation en espace confiné est que, dans cette dernière, le signal reçu par le récepteur subit des modifications sur son parcours, il est possible en outre que le récepteur reçoit plusieurs copies du signal puisqu'il existe plusieurs chemins entre l'émetteur et le récepteur (Figure 1.4). Lorsque le signal traverse un obstacle, il est atténué et diffracté. Il peut également être réfléchi, tous ces effets peuvent se combiner.

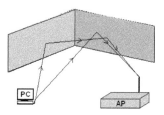

Figure 1. 4: Les multitrajets

1.2.3.3. Les phénomènes physiques

1.2.3.3.1 L'atténuation

Il faut aussi prendre en compte l'atténuation, en effet une onde n'est pas envoyée à l'infini, plus on s'éloigne de la source plus la qualité du signal diminue. La figure 1.5 présente le graphique des pertes (en Db) dues aux atténuations de signal à cause des distances.

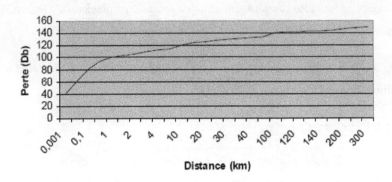

Figure 1. 5: Graphique des pertes en environnement parfait pour une fréquence de 2,45 Ghz [7]

1.2.3.3.2 L'absorption

L'onde électromagnétique qui se propage rencontre des électrons qu'elle va exciter. Ceux-ci vont réémettre à leur tour un rayonnement ce qui perturbera le signal et donc l'atténuera. Il est important de noter que plus la fréquence est élevée plus ce phénomène d'absorption est élevé donc plus la distance de couverture est faible.

C'est pour cela que les communications radio se font sur des fréquences d'une centaine de Mhz. Il est à noter aussi que plus la fréquence est élevée, plus la vitesse de transmission de données peut être importante.

1.2.3.3.3 La réfraction

Une onde électromagnétique traversant différents milieux change de direction et ce proportionnellement à l'indice de réfraction des milieux traversés, c'est le phénomène de réfraction.

1.2.3.3.4 La réflexion

Les ondes électromagnétiques peuvent être réfléchies totalement ou en partie, exactement de la même manière que pour la lumière, mais ce phénomène

9

est plus utilisé par les radios amateurs que pour les transmissions sans fil. En effet, à la fréquence de fonctionnement utilisée par ce type de transmission, les obstacles auront d'avantage tendance à absorber les ondes qu'à les réfléchir.

1.2.3.3.5 La diffraction

La diffraction est une zone d'interférence entre l'onde directe d'une source et l'onde réfléchie par un obstacle, en quelque sorte l'onde s'interfère elle-même.

1.3. Les paramètres d'un canal radio

Lors de l'étude de la propagation dans un canal radio en environnement indoor, nous devons tenir compte des paramètres suivants:

L'atténuation due à la perte du trajet: En plus de l'atténuation due à la distance, nous pouvons considérer l'atténuation causée par les obstacles (mûrs, plafonds, fenêtres, portes...) que traverse l'onde radio lors de sa propagation. Les valeurs de ces atténuations dépendent très étroitement des caractéristiques électriques de ces obstacles, la conductivité et la permittivité en occurrence.

L'affaiblissement rapide et lent du signal: L'affaiblissement lent peut être défini comme une moyenne sur les fluctuations rapides du signal reçu dues au phénomène de propagation multitrajets.

Le retard de dispersion (Delay Spread) : En tenant compte du phénomène de propagation multitrajets, nous aurons à la réception plusieurs exemples distincts d'un même signal et à différents instants. Il y aura ainsi une dispersion en temps et un étalement du signal. On conclut que le canal radio mobile est dispersif en temps et en fréquence. Le retard de dispersion peut être

10

évalué en mesurant le temps écoulé entre la première et la dernière version du signal à la réception.

Le bruit environnant: C'est surtout le bruit causé par la mobilité des gens et aux équipements et meubles placés dans l'environnement indoor en question et aussi par la présence d'autres équipements radio.

L'interférence: Vu l'architecture cellulaire des réseaux locaux sans fil, nous tiendrons compte de l'interférence intercellulaire (cellules adjacentes) et de l'interférence intracellulaire (interférence entre canaux).

1.4. Principe de la transmission radio

La transmission radio utilisée dans la communication sans fil des unités mobiles, est basée sur le principe que l'accélération d'un électron crée un champ électromagnétique qui à son tour accélère d'autres électrons et ainsi de suite. Il est alors possible de provoquer le déplacement électromagnétique. Plus le nombre d'électrons déplacés est important, plus le signal est fort et plus sera grande sa portée, avec une vitesse proche de celle de la lumière.

Un déplacement coordonné d'électrons peut alors servir pour le transfert d'information et constitue la base de la communication sans fil. L'approche standard de la transmission radio est le déplacement des électrons à une fréquence donnée. Des techniques de modulation et de multiplexage permettent d'adapter les signaux transmis à la bande passante du support de communication et de rentabiliser son utilisation.

Deux signaux sur la même fréquence interfèrent et s'altèrent mutuellement. Pour y remédier, le spectre de fréquence est divisé en plusieurs parties (bandes de fréquence), chaque partie est dédiée à une utilisation spécifique. La taille limitée du spectre de fréquence impose donc le regroupement d'usagers dans des bandes étroites comme dans le cas de la radio cellulaire. Par exemple, la bande de 25 Mhz à 890 Mhz est réservée aux émissions de télévision et la bande supérieure à 890 Mhz pour la téléphonie cellulaire et la transmission par satellite. Au lieu d'allouer à chaque appel la totalité de la fréquence, la technologie cellulaire limite la puissance du signal au minimum nécessaire; ce qui réduit les limites des interférences à une région de taille réduite autour de la station d'émission. Deux stations d'émission/réception situées dans des régions différentes suffisamment éloignées les unes des autres, peuvent utiliser la même fréquence sans risque d'interférence.

1.5. Les technologies des réseaux sans fil radio

On distingue habituellement plusieurs catégories de réseaux sans fils, selon le périmètre géographique offrant une connectivité (appelé zone de couverture) :

1.5.1. Réseaux personnels (WPAN)

Le réseau personnel sans fils (appelé également réseau individuel sans fils ou réseau domestique sans fils et noté WPAN (Wireless Personnel Area Network) concerne les réseaux sans fils d'une faible portée: de l'ordre de quelques dizaines de mètres. Ce type de réseau sert généralement à relier des périphériques (imprimante, téléphone portable, appareils domestiques, ...) ou un assistant personnel (PDA) à un ordinateur sans liaison filaire ou bien à permettre la liaison sans fils entre deux machines très peu distantes. Il existe plusieurs technologies utilisées pour les WPAN:

Bluetooth: c'est la principale technologie WPAN, proposant un débit théorique de 1 Mbps pour une portée maximale d'une trentaine de mètres. Bluetooth, connue aussi sous le nom IEEE 802.15.1, possède l'avantage d'être très peu gourmand en énergie, ce qui le rend particulièrement adapté à une utilisation au sein de petits périphériques.

HomeRF (Home Radio Frequency), propose un débit théorique de 10 Mbps avec une portée d'environ 50 à 100 mètres sans amplificateur. La norme HomeRF soutenue notamment par Intel, a été abandonnée en Janvier 2003, notamment car les fondeurs de processeurs misent désormais sur les technologies Wifi embarquée (via la technologie Centrino, embarquant au sein d'un même composant un microprocesseur et un adaptateur Wifi).

La technologie **ZigBee** (aussi connue sous le nom IEEE 802.15.4) permet d'obtenir des liaisons sans fil à très bas prix et avec une très faible consommation d'énergie, ce qui la rend particulièrement adaptée pour être directement intégré dans de petits appareils électroniques (appareils électroménagers, hifi, jouets, ...).

1.5.2. Réseaux locaux sans fil (WLAN)

Le réseau local sans fils WLAN (Wireless Local Area Network) est un réseau permettant de couvrir l'équivalent d'un réseau local d'entreprise, soit une portée d'environ une centaine de mètres. Il permet de relier entre eux les terminaux présents dans la zone de couverture. Il existe plusieurs technologies concurrentes :

Le **Wifi** (ou IEEE 802.11), soutenu par l'alliance WECA (Wireless Ethernet Compatibility Alliance) offre des débits allant jusqu'à 54Mbps sur une distance de plusieurs centaines de mètres.

hiperLAN2 (HIgh Performance Radio LAN 2.0), norme européenne élaborée par l'ETSI (European Telecommunications Standards Institute), permet d'obtenir un débit théorique de 54 Mbps sur une zone d'une centaine de mètres dans la gamme de fréquence comprise entre 5 150 et 5 300 MHz.

DECT (Digital Enhanced Cordless Telecommunication), norme des téléphones sans fils domestiques. Alcatel et Ascom développent pour les environnements industriels, telles les centrales nucléaires, une solution basée sur cette norme qui limite les interférences. Les points d'accès résistent à la poussière et à l'eau. Ils peuvent surveiller les systèmes de sécurité 24/24h et se connecter directement au réseau téléphonique pour avertir le responsable en cas de problème.

1.5.3. Réseaux métropolitains sans fil (WMAN)

Le réseau métropolitain sans fils WMAN (Wireless Metropolitan Area Network) est connu sous le nom de Boucle Locale Radio (BLR). Les WMAN sont basés sur la norme IEEE 802.16. La boucle locale radio offre un débit utile de 1 à 10 Mbit/s pour une portée de 4 à 10 kilomètres, ce qui destine principalement cette technologie aux opérateurs de télécommunication.

1.5.4. Réseaux étendus sans fil (WWAN)

Le réseau étendu sans fils WWAN (Wireless Wide Area Network) est également connu sous le nom de réseau cellulaire mobile.

La téléphonie mobile: Il s'agit des réseaux sans fils les plus répandus puisque tous les téléphones mobiles sont connectés à un réseau étendu sans fils. Les principales technologies sont les suivantes:

❖ GSM (*Global System for Mobile Communication ou Groupe Spécial Mobile*)
❖ GPRS (*General Packet Radio Service*)

❖ UMTS (*Universal Mobile Telecommunication System*)

Wimax (standard de réseau sans fil poussé par Intel avec Nokia, Fujitsu et Prowim). Basé sur une bande de fréquence de 2 à 11 GHz, offrant un débit maximum de 70 Mbits/s sur 50km de portée, certains le placent en concurrent de l'UMTS, même si ce dernier est destiné aux utilisateurs itinérants.

1.6. Conclusion

Il est nécessaire d'avoir une culture minimale sur la propagation des ondes hertziennes afin de comprendre quelques notions de base de la technologie sans fil et de pouvoir mettre en place une architecture réseau sans fil, et notamment de disposer les bornes d'accès (point d'accès) de telle façon à obtenir une portée optimale. Le but de ce chapitre a été de donner une aperçue générale sur cette technologie qui ne cesse de croître.

Chapitre 2:

Généralités sur les réseaux Wifi
(IEEE 802.11 a, b, g)

Généralités sur les réseaux Wifi
(IEEE 802.11 a, b, g)

2.1. Introduction

Le réseau Wifi est une technologie de transmission sans fils WLAN permettant l'accès à un réseau local. Il sert à connecter des ordinateurs portables ou des assistants personnels, équipés de matériels Wifi à Internet par une liaison haut débit sur un rayon de plusieurs dizaines de mètres en intérieur et à plusieurs centaines de mètres en environnement ouvert. On retrouve cette technologie dans les gares, aéroports, hôtels...

On s'intéresse dans ce chapitre, à l'étude de la technologie Wifi, dans le cas général. Les normes IEEE 802.11 seront présentées et l'architecture ainsi que les modes de fonctionnement seront décrits.

2.2. Présentation de la technologie Wifi

Bien que l'infrarouge puisse être utilisé pour les communications sans fil à courtes portées, la liaison radio apporte une solution souple et pratique. En effet, les distances possibles atteignent quelques centaines de mètres autour de l'émetteur et surtout la transmission est possible à travers des obstacles, sans la nécessité d'une vue directe entre émetteur et récepteur. L'inconvénient majeur est que les ondes radio sont sensibles aux masses métalliques : la traversée des murs en béton armés par exemple est donc très difficile.

C'est en 1990 que l'IEEE (Institute of Electrical and Electronics Engineers) a lancé son projet de normalisation des WLAN d'où la naissance de Wifi qui désigne les différentes déclinaisons de la norme IEEE 802.11. C'est une technologie intéressante pour de nombreuses sociétés liées au monde des télécoms et d'Internet.

Les termes 802.11 et Wifi, souvent utilisés de manière interchangeable dans les médias, ne sont pas synonymes. La norme IEEE 802.11 contient des amendements portant sur tous les aspects des WLAN, et les amendements 802.11a, b, g en particulier, sont des spécifications des couches physiques et contrôle d'accès au support (MAC : Medium Access Control), tandis que Wifi n'est qu'une certification d'interopérabilité pour les produits 802.11a/b/g.

Dans sa déclinaison la plus connue, 802.11 b, le Wifi utilise la bande de fréquence de 2,4 GHz et atteint un débit théorique de 11 Mbits/s, le 802.11a culmine à 22 Mbits/s et le 802.11 g, enfin, flirte avec les 54 Mbits/s.

Le Wifi peut servir à surfer sur Internet, mais pas seulement. Il autorise aussi l'organisation des réseaux, pourvus ou pas d'Internet, permet l'échange des fichiers, des données, et bien entendu de jouer.

2.3. Architecture des réseaux WIFI

2.3.1. Les équipements Wifi

La mise en place d'un réseau sans fil Wifi nécessite différents types d'équipements:

2.3.1.1. Les antennes Wifi

L'antenne est un dispositif permettant de rayonner ou de capter, à distance, les ondes radio dans un appareil ou une station d'émission ou de réception wifi. L'antenne wifi est un conducteur électrique plus ou moins complexe généralement placé dans un endroit dégagé afin que les ondes Wifi puissent l'atteindre sans obstacle.

Les antennes assurent le passage d'un signal du milieu conduit (circuit filaire en amont de l'antenne) au milieu rayonné (aérien). Ces deux milieux n'ayant pas du tout les mêmes caractéristiques de propagation.

La plupart des antennes, des émetteurs et des récepteurs radio actuels présentent une impédance de 50 ohms. L'impédance des connecteurs et des antennes varie légèrement avec la fréquence.

Elle est définie par les caractéristiques suivantes :

- Bande de fréquences d'utilisation 2.4Ghz
- Type d'antenne
- Puissance admissible en émission
- Directivité, gain avant et diagramme de rayonnement
- Dimensions et forme
- Polarisation des Antennes Wifi
- Mode d'alimentation et impédance au point d'alimentation
- Résistance mécanique

2.3.1.2. Les adaptateurs sans fil ou cartes d'accès:

Il s'agit d'une carte réseau à la norme 802.11 permettant à une machine de se connecter à un réseau sans fil. Les adaptateurs Wifi (Figure 2.1) sont disponibles dans de nombreux formats (carte PCI, carte PCMCIA (Figure 2.2), adaptateur USB, carte compact flash, ...). On appelle station tout équipement possédant une telle carte.

Figure 2. 1: Carte WIFI   Figure 2. 2: Carte PCMCIA

2.3.1.3. Les points d'accès :

Ce dispositif (Figure 2.3), appelé aussi borne sans fil, permet de donner un accès au réseau filaire (auquel il est raccordé) aux différentes stations avoisinantes équipées de cartes Wifi. Cette sorte de hub est l'élément nécessaire pour déployer un réseau centralisé en mode infrastructure.

Figure 2. 3: Point d'accès

2.3.1.4. DSLAM

Le DSL Access Multiplexer est un équipement situé dans les centres de transmission et qui fait la jonction entre votre ligne téléphonique et la ligne très haut débit qui permettra à tous les abonnés raccordés d'accéder à internet (Figure 2.4). Il s'agit souvent d'une ligne à très haut débit, de type fibre optique.

Récemment, des DSLAM version 2 sont apparus: il s'agit de DSLAM pouvant accueillir bien plus d'abonnés à la fois que les DSLAM classiques (plus de 1000 contre 384).

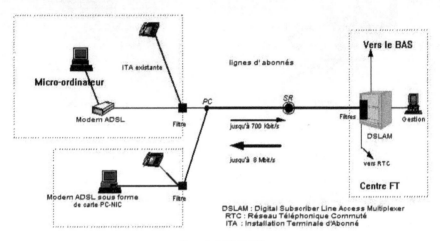

Figure 2. 4: DSLAM [8]

2.3.2. Notion de cellule

Le principe de la cellule est au centre de l'architecture 802.11. Une cellule est la zone géographique dans laquelle une interface 802.11 est capable de dialoguer avec une autre interface 802.11 (Figure 2.5).

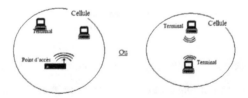

Figure 2. 5: La notion de cellule en 802.11

Le plus souvent, une cellule est contrôlée par une station de base appelée point d'accès. Ce mode est encore appelé mode infrastructure car les terminaux proches d'un point d'accès vont pouvoir utiliser un ensemble de services fournis par l'infrastructure du réseau 802.11 via un point d'accès. Il est cependant possible d'établir des communications ad hoc permettant une communication directe entre terminaux, sans passer par l'infrastructure centrale.

2.3.3. Les modes opératoires des réseaux Wifi

Selon l'architecture et le principe de fonctionnement, on peut distinguer deux principaux modes de fonctionnement des réseaux Wifi, qui sont: le mode ad hoc et le mode infrastructure.

2.3.3.1. Le mode ad hoc

2.3.3.1.1. Architecture :

Le mode ad hoc (point à point, ou ensemble de services de base indépendants : IBSS (Independent Basic Service Set)) (Figure 2.6) permet aux stations (ordinateurs) de communiquer directement entre elles sans point d'accès ni connexion à un réseau filaire. Généralement, ce mode est utilisé pour les réseaux qui comportent peu d'ordinateurs. Les ordinateurs qui composent le réseau jouent le rôle de clients et de points d'accès.

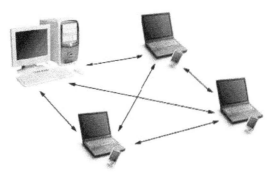

Figure 2. 6: Mode Ad hoc

2.3.3.1.2. Principe de fonctionnement :

En mode ad hoc, les machines se connectent les unes aux autres afin de constituer un réseau point à point (peer to peer en anglais), c'est-à-dire un réseau

22

dans lequel chaque machine joue en même temps le rôle de client et le rôle de point d'accès.

L'ensemble formé par les différentes stations est appelé ensemble de services de base indépendants IBSS (Independant Basic Service Set). Un IBSS est ainsi un réseau sans fil constitué au minimum de deux stations et n'utilisant pas de point d'accès. L'IBSS constitue donc un réseau éphémère permettant à des personnes d'échanger des données. Il est identifié par un SSID.

Dans un réseau ad hoc, la portée du BSS indépendant est déterminée par la portée de chaque station. Cela signifie que si deux des stations du réseau sont hors de portée l'une de l'autre, elles ne pourront pas communiquer, même si elles "voient" d'autres stations. En effet, contrairement au mode infrastructure, le mode ad hoc ne propose pas de système de distribution capable de transmettre les trames d'une station à une autre. Ainsi, un IBSS est par définition un réseau sans fil restreint.

2.3.3.2. Le mode infrastructure

2.3.3.2.1. Architecture :

En mode infrastructure, le réseau sans fil est constitué, au minimum, d'un point d'accès connecté à l'infrastructure du réseau filaire et d'un ensemble de postes réseaux sans fil formant un ensemble de services de base (BSS : Basic Service Set) (Figure 2.7). Un ensemble d'au moins deux BSS forme un réseau appelé ESS (Extended Service Set). Ce mode est utilisé pour les réseaux qui comportent de nombreux ordinateurs. Il permet d'interconnecter plusieurs réseaux locaux distants les uns des autres.

Ce mode est essentiellement utilisé en entreprise. La mise en place d'un tel réseau oblige de poser à intervalle régulier des bornes (point d'accès) dans la zone qui doit être couverte par le réseau. Les bornes, ainsi que les machines, doivent être configurées avec le même nom de réseau (SSID = Service Set IDentifier) afin de pouvoir communiquer.

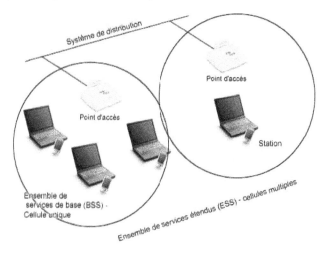

Figure 2. 7: Mode infrastructure

2.3.3.2.2. Principe de fonctionnement :

En mode infrastructure, chaque station se connecte à un point d'accès via une liaison sans fil. L'ensemble formé par le point d'accès et les stations situées dans sa zone de couverture, appelé ensemble de services de base, constitue une cellule. Chaque BSS est identifié par un BSSID, un identifiant de 6 octets (48 bits). Dans le mode infrastructure, le BSSID correspond à l'adresse MAC du point d'accès. Il s'agit généralement du mode par défaut des cartes 802.11b.

Il est possible de relier plusieurs points d'accès entre eux (ou plus exactement plusieurs BSS) par une liaison appelée système de distribution (DS: Distribution System) afin de constituer un ensemble de services étendu (Extended Service Set ou ESS). Le système de distribution (DS) peut être aussi bien un réseau filaire, qu'un câble entre deux points d'accès ou bien même un réseau sans fil.

Un ESS est repéré par un ESSID (Extended Service Set Identifier), c'est-à-dire un identifiant de 32 caractères de longueur (au format ASCII) servant de nom pour le réseau. L'ESSID, souvent abrégé en SSID, représente le nom du réseau et représente en quelque sorte un premier niveau de sécurité dans la mesure où la connaissance du SSID est nécessaire pour qu'une station se connecte au réseau étendu.

Lorsqu'un utilisateur nomade passe d'un BSS à un autre lors de son déplacement au sein de l'ESS, l'adaptateur réseau sans fil de sa machine est capable de changer de point d'accès selon la qualité de réception des signaux provenant des différents points d'accès. Les points d'accès communiquent entre eux grâce au système de distribution afin d'échanger des informations sur les stations et permettre le cas échéant de transmettre les données des stations mobiles. Cette caractéristique permettant aux stations de "passer de façon transparente" d'un point d'accès à un autre est appelée itinérance (en anglais roaming).

2.3.3.2.3. La communication avec le point d'accès

Lors de l'entrée d'une station dans une cellule, celle-ci diffuse sur chaque canal une requête de sondage (probe request) contenant l'ESSID pour lequel elle est configurée ainsi que les débits que son adaptateur sans fil supporte. Si aucun ESSID n'est configuré, la station écoute le réseau à la recherche d'un SSID.

En effet, chaque point d'accès diffuse régulièrement (à raison d'un envoi toutes les 0.1 secondes environ) une trame balise (nommée beacon en anglais) donnant des informations sur son BSSID, ses caractéristiques et éventuellement son ESSID.

A chaque requête de sondage reçue, le point d'accès vérifie l'ESSID et la demande de débit présentée dans la trame balise. Si l'ESSID correspond à celui du point d'accès, ce dernier envoie une réponse contenant des informations sur sa charge et des données de synchronisation. La station recevant la réponse peut ainsi constater la qualité du signal émis par le point d'accès afin de juger de la distance à laquelle il se situe. En effet, d'une manière générale, plus un point d'accès est proche, plus le débit est élevé. Une station se trouvant à la portée de plusieurs points d'accès (possédant bien évidemment le même SSID) pourra ainsi choisir le point d'accès offrant le meilleur compromis de débit et de charge.

La figure 2.8 présente une vue complète des éléments architecturaux proposés par l'IEEE 802.11.

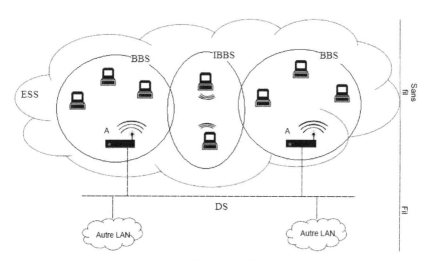

Figure 2. 8: Architecture type d'un WLAN

2.4. Les couches 802.11

La norme 802.11 s'attache à définir les couches basses du modèle OSI (Open Systems Interconnection) pour une liaison sans fil utilisant des ondes radio. Le tableau 2.1 présente les couches en question, positionnées par rapport au modèle de référence OSI de l'ISO (Organisation internationale de normalisation):

Couche OSI 2	Liaison des données	802.2		
	Couche MAC	802.11 (Accès au média, sécurité, gestion d'énergie…)		
Couche OSI 1	Couche physique	*DSSS*	*FHSS*	**Infrarouges** (norme **802.11ir**)

Tableau 2.1: Situation des couches IEEE 802.11

2.4.1. Couche physique

La couche physique est chargée de véhiculer les bits de l'émetteur au récepteur. La porteuse est donc l'onde radio. Deux sous-couches ont été définies:

❖ PLCP (Physical Layer Convergence Protocol), qui écoute le support et indique ainsi à la couche MAC via un CCA (Clear Channel Assessment) si le support de transmission est libre ou non.

❖ PMD (Physical Medium Dependeur), qui s'occupe de l'encodage des données.

Par ailleurs, la norme de base spécifie trois modes de transmission différents:

✓ La technique FHSS (Frequency Hopping Spread Spectrum, en français étalement de spectre par saut de fréquence ou étalement de spectre par évasion de fréquence) consiste à découper la large bande de fréquence en un minimum de 75 canaux (hops ou sauts d'une largeur de 1MHz), puis de transmettre en utilisant une combinaison de canaux connue de toutes les stations de la cellule. Dans la norme 802.11, la bande de fréquence 2.4 - 2.4835 GHz permet de créer 79 canaux de 1 MHz. La transmission se fait ainsi en émettant successivement sur un canal puis sur un autre pendant une courte période de temps (d'environ 400 ms), ce qui

27

permet à un instant donné de transmettre un signal plus facilement reconnaissable sur une fréquence donnée.

En FHSS, une technique plus sophistiquée qui consiste à faire changer de fréquence l'émetteur après quelques millisecondes est utilisée, ce qui accroît l'immunité au bruit, l'atténuation n'étant pas constante en fonction de la fréquence.

✓ La technique DSSS (Direct Sequence Spread Spectrum, étalement de spectre à séquence directe) consiste à transmettre pour chaque bit une séquence Barker (parfois appelée bruit pseudo-aléatoire ou en anglais pseudo-random noise, noté PN) de bits. Ainsi chaque bit valant 1 est remplacé par une séquence de bits et chaque bit valant 0 par son complément.

Dans le standard 802.11b, la bande de fréquence 2,400-2,4835 GHz (d'une largeur de 83,5 MHz) a été découpée en 14 canaux séparés de 5MHz, dont seuls les 11 premiers sont utilisables aux Etats-Unis. Seuls les canaux 10 à 13 sont utilisables en France.

En DSSS, on envoi des données sur une large bande qui permet un débit élevé, mais qui rend le système peu résistant aux perturbations.

✓ IR (InfraRouge) : Le standard IEEE 802.11 prévoit également une alternative à l'utilisation des ondes radio : la lumière infrarouge. La technologie infrarouge a pour caractéristique principale d'utiliser une onde lumineuse pour la transmission de données entre stations proches. Ainsi les transmissions se font de façon unidirectionnelle, soit en "vue directe" soit par réflexion. Le caractère non dissipatif des ondes lumineuses offre un niveau de sécurité plus élevé.

2.4.2. Couche liaison de données

La couche liaison de données en 802.11 est composée des deux sous-couches LLC 802.2 et MAC 802.11.

La couche LLC (Logical Link Control) normalisée 802.2 permet de relier un WLAN 802.11 à tout autre réseau respectant l'une des normes de la famille 802.x.

La couche MAC 802.11 est comparable à la couche MAC 802.3: elle implante la politique d'accès.

Cependant, cette couche MAC est spécifique à l'IEEE 802.11 car elle offre d'avantages de fonctions par rapport à une couche MAC classique (allocation du support, adressage, formatage des trames).

Ces fonctions supplémentaires offertes sont normalement confiées aux protocoles supérieurs, comme les sommes de contrôle de CRC, la fragmentation et le réassemblage (très utile car le support radio a un taux d'erreur important), les retransmissions de paquet et les accusés de réception. Cela ajoute de la robustesse à la couche MAC 802.11.

2.5. Méthodes d'accès

Les stations partagent un même support de transmission (les ondes radio dans les réseaux WIFI) et doivent obéir à une politique d'accès pour l'utiliser. Dans 802.11, deux méthodes d'accès sont proposées :

- la DCF (Distributed Coordination Function), basée sur le principe d'égalité des chances d'accès au support de transmission pour tous les utilisateurs (méthode probabiliste).

- la PCF (Point coordination Function), basé sur une méthode de polling gérée par le point d'accès (méthode déterministe)   .

On va détailler la méthode d'accès DCF, qui concerne le cas d'utilisation le plus courant. La DCF est basée sur la politique CSMA/CA (Carrier Multiple Acces with Collision Avoidance).

Contrairement à CSMA/CD (Carrier Sense Multiple Access with Collision Detection) dans laquelle chaque utilisateur écoute pendant l'émission pour détecter une éventuelle collision, la méthode CSMA/CA met en avant le principe d'évitement des collisions. Au lieu d'un contrôle des collisions à posteriori, on adopte une politique de contrôle à priori. En effet, la technique de détection de collision CD ne peut pas s'appliquer sur un réseau physique sans fil pour les raisons suivantes :

- pour détecter des collisions, il serait nécessaire de disposer d'une liaison radio full duplex (émission et réception simultanées possibles), ce qui n'est pas envisageable compte tenu des coûts induits.

- le fait qu'une station détecte que le support est libre autour d'elle ne signifie pas forcément que le support l'est autour du récepteur. En effet, deux stations ne sont pas forcément en relation directe et donc le principe d'écoute de la porteuse n'est pas utilisable au sens strict du terme.

Il résulte de cet état de fait l'utilisation du principe CA (qui permet d'éviter les collisions) et d'un mécanisme d'acquittement appelé Positif Acknowledge. Les autres éléments importants sont les espaces inter-trames et le temporisateur d'émission.

Les espace inter-trames, ou IFS (Inter Frame Spacing), correspondent à un intervalle de temps entre l'émission de deux trames. Il en existe trois types selon 802.11 :

- SIFS (Short IFS), utilisé pour séparer les transmissions d'un même dialogue

- PIFS (PCF IFS), utilisé par le point d'accès pour effectuer le polling dans la méthode PCF

- DIFS (DCF IFS), utilisé en DCF (c'est à dire en CSMA/CA) lorsqu'une station veut initier une communication

La temporisation d'émission, appelé NAV (Network Allocation Vector) permet d'éviter les collisions en retardant les émissions de toutes les stations qui détectent que le support est occupé.

Le principe général de la méthode CSMA/CA est donc : une station qui souhaite émettre, explore les ondes et, si aucune activité n'est détectée, attend un temps aléatoire (appelé DIFS, Distributed Inter Frame Space), vérifie à nouveau si le support est libre et le cas échéant transmet. Les stations en écoute constatent une émission et déclencheront pour une durée fixée leur indicateur de Virtual Carrier Sense (appelé NAV : Network Allocation Vector) et utiliseront cette information pour retarder toute transmission prévue. Si le paquet est intact à la réception (calcul d'un CRC), la station réceptrice émet une trame d'acquittement (ACK) qui, une fois reçue par l'émetteur, met un terme au processus. Si la trame ACK n'est pas détectée par la station émettrice (parce que le paquet original ou le paquet ACK n'a pas été reçu intact), une collision est supposée et le paquet de données est retransmis après attente d'un autre temps aléatoire.

2.6. Trame MAC

Il y a trois principaux types de trames :

- les trames de données, utilisées pour la transmission des données

- les trames de contrôle, par exemple RTS, CTS et ACK

- les trames de gestion, pour l'échange d'informations de gestion au niveau MAC

Toutes les trames 802.11 sont formées des composants suivants :

Préambule	PLCP	Données MAC	CRC

❖ Préambule, dépendant de la couche physique, comprend :

- une séquence de 80 bits alternant 0 et 1 (appelée Synch), qui est utilisée par le circuit physique pour sélectionner l'antenne

- une séquence SFD (Start Frame Delimiter) est la suite de 16 bits 0000 1100 1011 1101, utilisée pour définir le début de la trame

❖ La partie PCLP permet à la couche physique de décoder la trame. Elle comprend :

- la longueur (en octets) de mot du PLCP_PDU, utilisée par la couche physique pour détecter la fin du paquet

- un fanion de signalisation PCLP

❖ Les données MAC ont en général le format suivant :

2 octets	2 octets	6 octets	6 octets	6 octets	2 octets	6 octets	0-2312 octets	4 octets
Contrôle Tr	Durée ID	@1	@2	@3	Contrôle Sec	@4	Données	CRC
En-tête MAC								

❖ Un champ de détection d'erreur CRC sur 16 bits

En plus des trames de contrôle de l'en-tête MAC, il existe trois autres trames de contrôle, la trame ACK (utilisée pour acquitter les trames reçues), la trame RTS et la trame CTS (utilisées pour éviter les collisions).

2.7. Mobilité

Le fait qu'un terminal doit pouvoir se déplacer et donc passer d'une cellule à une autre a conduit à la mise en place d'une technique de handover. Pour l'IEEE 802.11 seuls les principes suivants sont mis en avant pour la réalisation de handover:

Synchronisation: les stations doivent synchroniser leur horloge avec un AP pour pouvoir communiquer. Pour garder la synchronisation, l'AP émet de manière périodique des trames de synchronisation appelées Beacon Frames.

Association: en fonction de la puissance du signal émis, du taux d'erreurs de paquets ou de la charge du réseau, un terminal va demander à s'associer à un point d'accès (AP). Deux manières d'association existent, l'une dite écoute passive dans laquelle la station attend de recevoir une trame balise de la part de l'AP, l'autre dite écoute active, dans laquelle une station utilisera une trame Probe Request Frame pour demander à s'associer à un point d'accès.

Ré-association: lorsqu'un terminal passe d'un BBS à un autre (en d'autres termes change de cellule), il est nécessaire de réassocier le terminal à un autre point d'accès. Un autre cas de réassociation est prévu par la norme et consiste à équilibrer la charge (Load Balancing) au sein des BBS ou des l'ESS pour éviter des réassociations trop fréquentes.

2.8. Sécurité

Les ondes radios ont une grande capacité à se propager dans toutes les directions avec une portée relativement grande. Il est ainsi très difficile d'arriver à confiner les émissions d'ondes radio dans un périmètre restreint. Faut-il aussi penser que la propagation des ondes radio doit être à trois dimensions. Ainsi, les ondes se propagent également d'un étage à un autre (avec de plus grandes atténuations).

La principale conséquence de cette propagation est la facilité que peut avoir une personne non autorisée d'écouter le réseau, éventuellement en dehors de l'enceinte du bâtiment où le réseau sans fil est déployé.

Dans 802.11, le protocole WEP (Wired Equivalent Privacy) est utilisé. WEP se base sur le chiffrage des données et l'authentification des stations. Le chiffrage réalisé par WEB se fait sur une clé secrète partagée sur 40 bits. Cette clé est concaténée avec un code de 24 bits appelé l'IV (Initialisation Vector). La nouvelle clé de 64 bits est placée dans un générateur de nombre aléatoire appelé PRNG (venant du chiffrage RSA). Une fois chiffrée, la trame est envoyée avec son IV. Lors du déchiffrage, l'IV est utilisé pour retrouver la séquence de clés qui permet de déchiffrer les données.

En ce qui concerne l'authentification, deux solutions, l'Open System Authentificaion (qui est le mode par défaut et qui ne demande aucune authentification explicite) et le Shared Key Authentification qui fournit un mécanisme de clé secrète partagée pour s'authentifier auprès du système.

2.9. Les différentes normes de réseau Wifi

La norme IEEE 802.11 est en réalité la norme initiale offrant des débits de 1 ou 2 Mbit/s. Des révisions ont été apportées à cette norme afin d'améliorer la performance. Les principaux étant 802.11a, 802.11b et 802.11g.

802.11a (Wifi 5) : La norme 802.11a permet d'obtenir un haut débit (dans un rayon de 10 mètres : 54 Mbit/s théoriques, 27 Mbit/s réels). La norme 802.11a spécifie 52 canaux de sous-porteuses radio dans la bande de fréquences des 5 GHz (bande U-NII = Unlicensed- National Information Infrastructure),

802.11b (Wifi) : La norme 802.11b est la norme la plus répandue en base installée actuellement. Elle propose un débit théorique de 11 Mbit/s (6 Mbit/s réels) avec une portée pouvant aller jusqu'à 300 mètres (en théorie) dans un environnement dégagé. La plage de fréquences utilisée est la bande des 2,4 GHz (Bande ISM = Industrial Scientific Medical).

802.11g : La norme 802.11g est la plus répandue dans le commerce actuellement. Elle offre un haut débit (54 Mbit/s théoriques, 25 Mbit/s réels) sur la bande de fréquences des 2,4 GHz. La norme 802.11g a une compatibilité ascendante avec la norme 802.11b, ce qui signifie que des matériels conformes à la norme 802.11g peuvent fonctionner en 802.11b. Cette aptitude permet aux nouveaux équipements de proposer le 802.11g tout en restant compatibles avec les réseaux existants qui sont souvent encore en 802.11b.

2.10 Conclusion

Grâce au réseau Wifi, on peut être connecté presque tout le temps et quel que soit le lieu où on se trouve. Le fait d'être connecté à la technologie sans fil autorise de nouvelles utilisations quand on se déplace : relever son courrier électronique à la terrasse d'un café ou dans un aéroport…, à condition d'être dans un hot spot (zone d'accès Wifi). Cette permanence de la connexion au réseau Internet permet une meilleure réactivité car les informations arrivent quasiment en temps réel.

Chapitre 3:

Planification des réseaux Wifi en environnement indoor

Planification des réseaux Wifi

en environnement indoor

3.1. Introduction

Bien que le déploiement d'un réseau sans fil du type 802.11, dans un environnement indoor, soit rapide, des études sont indispensables. On voit que la propagation des ondes est soumise à plusieurs effets, et qu'il est difficile de prédire la propagation exacte d'une onde.

Le problème de planification des réseaux locaux sans-fil se pose souvent pour le mode infrastructure. C'est pour cette raison, qu'on s'intéresse, dans ce troisième chapitre, à l'étude des réseaux 802.11 avec les caractéristiques propres à ce mode de fonctionnement, dans une espace clos ainsi qu'à la description du processus de planification de réseau Wifi en environnement indoor.

3.2. Les réseaux Wifi en environnement indoor

Lors de la planification d'un réseau Wifi, en environnement indoor, il se pose toujours le problème de trouver le bon emplacement des points d'accès de manière à satisfaire un maximum de zones de couverture et en garantissant un débit optimum. On doit aussi limiter les interférences que pourraient causer un nombre exagéré de points d'accès mal contrôlés et on doit tenir en compte l'irrégularité de la propagation d'une onde liée à la configuration du lieu, les matériaux de construction, les localisations géométriques des stations de travail et à l'environnement électromagnétique.

3.2.1. Caractéristiques des environnements indoor

En environnement indoor, le canal de propagation subit des affaiblissements supplémentaires du signal, en effet, la propagation dépend de plusieurs facteurs à savoir :

✓ Les caractéristiques de l'environnement électromagnétique, c'est-à-dire l'existence des machines électriques ou autres qui utilisent les ondes électromagnétiques telles que les micro-ondes.

✓ Les données architecturales des bâtiments, c'est-à-dire les types de matériaux de constructions utilisés, la taille des portes et des fenêtres, le nombre d'étages, le type des bâtiments eux-mêmes : est ce qu'il s'agit d'espaces larges (salles d'aéroports, de musées,..), à quel niveau nous nous situons : l'ordre d'étage, halls,… En effet, l'emplacement des antennes et la puissance émise diffèrent selon la position dans laquelle nous nous trouvons.

Ainsi toute composante, quel que soit son type, présente un obstacle introduisant un affaiblissement des signaux. Quand un signal traverse un obstacle, sa puissance est fortement atténuée (phénomène d'absorption). La puissance du signal reçu par le récepteur est faible et le rapport signal sur bruit est élevé.

3.2.2. Problématique des réseaux Wifi en environnement indoor

Pour pouvoir transmettre des informations par le biais des ondes radio, il faut un émetteur et un récepteur, certains appareils peuvent jouer les deux rôles. L'avantage des ondes radio est qu'elles sont capables de passer à travers les murs. Leur portée dépend de la configuration du lieu dans lequel le réseau est déployé, mais également de la puissance du signal transmis.

Vu l'irrégularité de l'environnement indoor, la propagation des ondes est plus complexe. En effet, la présence d'obstacles rend d'une part le trajet des ondes plus complexe car les réflexions et réfractions sont nombreuses, et d'autre part, l'interférence survient fréquemment, en effet, deux signaux provenant de deux systèmes dans la même bande de fréquences peuvent interférer l'un et l'autre. Ceci entraîne la génération des composants ayant des amplitudes et des retards différents par la propagation des ondes électromagnétiques.

Vu la propagation multi trajets, le signal émis va arriver au récepteur suivant des directions, des chemins et des retards différents. De ce fait, si nous transmettons une impulsion, nous aurons à la réception plusieurs copies distinctes à des instants différents. Ce phénomène est appelé retard de dispersion (Delay Spread). L'absorption des murs est une principale caractéristique des environnements indoor. En effet, suivant leurs compositions et leurs dimensions, les murs engendrent un certain affaiblissement.

En conséquence, les erreurs sur le paquet augmentent et cela peut entraîner des retransmissions. Sachant qu'une retransmission peut causer l'occupation de canal, ce qui est inutile vis-à-vis du réseau. Donc la présence d'obstacle a des impacts sur les performances du réseau. De plus, quand un signal arrive sur un obstacle, il est en même temps diffracté et réfléchi. Ces phénomènes multiplient les chemins de propagation entre l'émetteur et le récepteur. Du fait qu'il y a des retards du signal, la difficulté de décodage du signal augmente. Si la technique de codage et décodage ne tient pas compte des chemins multiples, alors les performances du réseau 802.11 seront fortement perturbées.

3.2.3. Atténuation du signal due aux obstacles

On appelle atténuation d'un signal la réduction de la puissance de celui-ci lors d'une transmission. L'atténuation est mesurée en bels (dont le symbole est B) et est égale au logarithme en base 10 de la puissance à la sortie du support de transmission, divisée par la puissance à l'entrée. On préfère généralement utiliser le décibel (dont le symbole est dB) correspondant à un dixième de la valeur en Bels. Ainsi un Bel représentant 10 décibels, la formule est :

$$R \ (dB) = (10) * \log (P2/P1)$$

Si R est positif, on parle d'amplification, si non, on parle d'atténuation.

A fin de réaliser une bonne planification, nous devons tenir en compte les pertes possibles des signaux causés par différents types d'obstacles. Le tableau 3.1 illustre les différentes pertes apportées par les matériaux de construction.

Matériaux	Pertes (dB)
Béton poreux	6,5
Béton (30 cm)	9,5
Mur de béton épais (25 cm) sans vitres	13
Mur de béton épais avec grandes vitres	11
Mur de béton peu épais (10 cm)	6
Mur double de béton (2*20 cm)	17
Mur très peu épais (brique < 14 cm)	2,5
Vitre	2
Vitre renforcée	8
Bois	1,5
Plaque en plâtre	1,5
Brique	2,5
Dalle	23

Tableau 3. 1: Les valeurs possibles de l'atténuation du signal radio [4]

3.3. Processus de planification

Le mode infrastructure propose un service de communication aux seules zones couvertes par les points d'accès. Pour qu'on puisse accéder au réseau dans tout le bâtiment, il est nécessaire de choisir le nombre et les positions de ces points d'accès de façon à garantir la couverture radio par au moins un point d'accès en chaque point du plan. Cette condition de fonctionnement est un des objectifs de base du problème de planification.

Cependant, le déploiement de réseaux sans fil, en environnement indoor, repose sur une approche des plus empiriques. En effet, dans ce contexte, de nombreuses méthodes de planifications ont été proposées, permettant de calculer la puissance de couverture en chaque point de l'espace pour une position d'antenne donnée. On peut classer ces approches en deux classes :

✓ *l'approche par expérimentation*: dans cette approche, on imagine intuitivement le nombre et les positions des points d'accès dans le bâtiment et on les place. Puis on teste quelques paramètres de qualité comme le débit, les zones de couvertures ou on note les différentes interférences. En fonction des résultats obtenus, on modifie l'emplacement des points d'accès et on effectue à nouveau des mesures. Une fois de plus on modifie la position des bornes. On peut aussi augmenter ou diminuer le nombre de bornes selon les besoins. On procède ainsi de suite jusqu'a l'obtention des résultats acceptables.

✓ *L'approche par simulation*: elle consiste à utiliser un simulateur pour prédire le bon emplacement des points d'accès. Dans ce cas, le programme (simulateur) contient des éléments qui peuvent permettre de simuler l'environnement réel et ses différentes contraintes comme les interférences, les réflexions ou la réfraction, les étages etc. Il existe quelques simulateurs pour les réseaux comme: NS2, Opnet…

Mais, si on veut utiliser un simulateur, un ensemble de paramètres doit être en entrée pour ce simulateur, ces paramètres seront tenus en compte lors de la simulation. En effet, nous ne pouvons pas procéder à planifier un réseau Wifi, en environnement indoor, sans étudier le lieu c'est-à-dire le bâtiment dans le quel on va l'installer, choisir l'antenne qui présente la base de toute transmission et configurer tout les équipements pour qu'ils puissent communiquer.

3.3.1. Description des bâtiments

La collection des informations relatives au bâtiment à couvrir est indispensable, elle permet de dégager les caractéristiques utiles à notre étude. En effet, nous devons :

❖ étudier la structure des matériaux de construction et dégager leurs caractéristiques (béton, brique, plâtre,…). Ceci est utile pour prédire la propagation et calculer les pertes possibles que peut subir le signal.

❖ déterminer le nombre de portes et de fenêtres internes avec leurs positions ainsi que le nombre d'étages et leurs hauteurs.

❖ déterminer s'il y a des équipements radio fonctionnant dans la même ou dans d'autre bande de fréquence. Ces équipements peuvent influer sur le signal même s'ils existent en d'hors du bâtiment, donc on doit les tenir en compte.

3.3.2. Choix d'antenne

L'antenne wifi, constituant le composant de base de toute transmission radio, est un dipôle électrique qui se comporte comme un circuit résonnant à 2.4 ou à 5 GHZ. La fréquence de résonance de l'antenne wifi dépend d'abord de ses dimensions ainsi que sa composition. Par rapport à la fréquence de résonance centrale de l'antenne wifi, on peut tolérer un certain affaiblissement (généralement 3 décibels) qui détermine la fréquence minimum et la fréquence maximum d'utilisation; la différence entre ces deux fréquences est la bande passante.

Il existe des dizaines de types d'antennes, différents par leur fonctionnement, leur géométrie, leur technologie...

Pour le réseau wifi nous nous contenterons de 5 types d'antennes:

- ✓ antenne wifi Omnidirectionnelles
- ✓ antenne wifi Panneau ou Patch
- ✓ antenne wifi Sectorielle
- ✓ antenne wifi Grille
- ✓ antenne wifi Yagi

Pour choisir l'antenne la mieux adaptée à son application, il faut tenir en compte trois paramètres essentiels : la directivité, le gain, la polarisation

L'antenne wifi isotrope, c'est à dire rayonnant de la même façon dans toutes les directions, est un modèle théorique irréalisable dans la pratique. En réalité, l'énergie rayonnée par une antenne wifi est répartie inégalement dans l'espace, certaines directions étant privilégiées : ce sont les lobes de rayonnement. Le diagramme de rayonnement d'une antenne wifi permet de visualiser ces lobes dans les trois dimensions, dans le plan horizontal ou dans le plan vertical incluant le lobe le plus important.

Une antenne directive possède un ou deux lobes nettement plus importants que les autres ; elle sera d'autant plus directive que le lobe le plus important sera étroit.

Une antenne wifi équi-directive ou omnidirectionnelle rayonne de la même façon dans toutes les directions du plan horizontal.

Le gain d'une antenne par rapport à l'antenne isotrope est dû au fait que l'énergie est focalisée dans une direction, comme l'énergie lumineuse d'une bougie peut être concentrée grâce à un miroir ou une lentille convergents. Il s'exprime en 'dBi' (décibels par rapport à l'antenne isotrope).

La polarisation d'une antenne wifi est celle du champ électrique $\bar{E}$ de l'onde qu'elle émet. Un dipôle demi-onde horizontal a donc une polarisation horizontale. Certaines antennes wifi ont une polarisation elliptique ou circulaire (antenne hélice) ou une polarisation croisée (double-yagi dont les plans sont perpendiculaires).

3.3.3. Positionnement des points d'accès

Un des principaux problèmes posés lors de la planification des réseaux wifi, en environnement indoor, est le positionnement des antennes (points d'accès). Une solution consiste à effectuer des mesures sur site pour évaluer la zone de couverture. Cependant, cette technique nécessite la mise en place des moyens techniques importants. On peut aussi faire une étude des milieux avant d'installer les équipements. Lors de cette étude, on sauvegarde un ensemble de valeurs prenant en considération les éventuels obstacles internes. C'est de prédire la couverture radio d'un point d'accès à l'aide des outils de calculs qui peuvent calculer la puissance émise en chaque point de l'espace. Donc, il est nécessaire de déterminer l'atténuation du signal en chaque point de l'espace.

Dans ce contexte, des modèles ont été proposés afin de résoudre le problème en déterminant l'atténuation du signal. En effet, dans [5], D. M. J. Devasirvatham a proposé le modèle "one slope" qui est basé sur l'équation de propagation en espace libre :

$$Pl(d)[dB] = 10\log(\frac{d}{d_0})^n + A_0$$

Ce modèle ne tient pas compte des obstacles. Il nécessite des mesures préalables permettant de calibrer les paramètres n et A_0 qui dépendent du milieu considéré [5]. Du fait de la non prise en compte des obstacles qui est le facteur déterminant en indoor, il a rapidement fallu faire appel à des améliorations. Le modèle "multi wall", proposé dans [6] par S.Y. Seidel et T.S. Rappaport, est intervenu pour améliorer le modèle "one slope" en tenant en compte les obstacles qui caractérisent le milieu interne. L'équation ci-dessous permet de calculer l'atténuation du signal en présence des obstacles :

$$Pl(d)[dB] = 10\log(\frac{d}{d_0})^n + \sum_{p=1}^{p} WAF(p) + \sum_{q=1}^{q} FAF(q) + A_0$$

avec p le nombre de murs et q le nombre d'étages. Les paramètres n, WAF(p) et FAF(p) représentent respectivement l'exposant de l'affaiblissement, le facteur d'atténuation des murs et le facteur d'atténuation des étages. Ces paramètres sont déterminés expérimentalement par des mesures faites dans le bâtiment considéré.

Si ces méthodes sont très simples à mettre en œuvre, elles ne tiennent pas compte correctement tous les phénomènes physiques qui interviennent (et qui sont donc nombreux en environnement indoor).

3.3.4. Configuration du point d'accès

Les principaux paramètres de configuration d'un pont sans fil sont le numéro de canal, le nom de réseau et la clé de chiffrement. Pour que le système fonctionne, ces paramètres doivent être rigoureusement identiques dans les deux équipements.

Il peut se révéler utile de réfléchir aux types de trafic qui arrivent sur une interface du pont et ne doivent pas être retransmis sur l'autre et de configurer les options du pont en conséquence. En effet, dans un pont tout le trafic envoyé sur l'un de ses côtés est susceptible d'être retransmis de l'autre côté. En particulier, le trafic en diffusion est systématiquement renvoyé sur l'autre interface du pont, ce qui peut conduire à un engorgement de la liaison IEEE 802.11.

3.4. Conclusion

La planification d'un réseau Wifi, en environnement indoor, est une étape indispensable à la mise en place d'un réseau fonctionnel et efficace. Il est nécessaire de tenir compte de tous les éléments entrant en jeu : la structure des matériaux de construction, le contenu des bâtiments, les caractéristiques techniques d'équipements de réseau…

Planifier en indoor est une tâche plus difficile vue les différentes atténuations apportées par les obstacles qui peuvent causer des phénomènes de propagation.

Chapitre 4 :

Implémentation de l'outil de planification

Implémentation de l'outil de planification

4.1. Introduction

Dans le contexte de la planification de réseaux radio Indoor, un des principaux problèmes est le positionnement des antennes émettrices. Une solution consiste à effectuer des mesures sur site pour évaluer la zone de couverture. Cependant cette technique demande la mise en place de moyens techniques importants. L'alternative proposée est l'utilisation d'un logiciel de prédiction de la couverture radio.

Dans ce chapitre, nous essayons de décrire une solution pour la planification de réseaux Wifi en environnement indoor, elle consiste à développer un outil qui nous aide à prédire la couverture radio des points d'accès afin de déterminer leurs positions optimales.

4.2. Problématique

Vu l'irrégularité des environnements internes, il est très difficile de prédire la couverture radio d'un point d'accès. D'où le principal problème est de déterminer la puissance du signal, en chaque point de l'espace, en plus, ça nécessite assez de moyens de mesure, de matériels et d'expériences. En effet, dans la plupart des cas, on place le point d'accès et on évalue sa couverture, donc on aura besoin d'un long câble pour la brancher au réseau filaire.

4.3. Cahier de charge

Nous sommes demandés de développer un outil permettant de :

✓ Enregistrer les paramètres descriptifs des bâtiments (Ref, Eppaisseur_dalle, Type, Nombre_étage, Type_béton, Hauteur_étage, Style_mur).

✓ Enregistrer les caractéristiques techniques des antennes (Nom, Type, Connecteur, Gain, Fréquence, Couverture_h, Couverture_V).

Ces paramètres doivent être enregistrés dans une table de base de données.

✓ Avant de tester l'outil, nous devons choisir le bâtiment concerné et l'antenne utilisée et importer le plan du bâtiment sous forme d'une image de type « jpeg, jpg».

✓ Présenter sur ce plan le ou les points d'accès nécessaires.

✓ Cliquer sur l'image pour préciser l'émetteur du signal et en glissant la souris, on précise le trajet suivi par le signal. Enfin si on lâche la souris, une station terminale sera présentée avec la valeur de la puissance reçue par cette station.

4.4. Réalisation

4.4.1. Le langage utilisé : JAVA

Le langage Java fut développé par Sun Microsystems en 1991 dans le cadre du projet Green, groupe de recherche spécialisé dans le développement de logiciels conçus pour contrôler des appareils électroniques. Un des acteurs du projet (considéré désormais comme le père de Java) décida de créer un langage orienté objet reprenant les caractéristiques principales du C++, en éliminant ses points difficiles, et en le rendant moins encombrant et plus portable (il devait pouvoir être intégré dans n'importe quel appareil...).

Grâce au langage Java, on peut créer des interfaces graphiques, ainsi que des applications qui manipulent des bases de données.

48

4.4.2. Les outils utilisés

4.4.2.1. NetBeans IDE 6.0.1

A fin de développer mon application, nous avons utilisé l'outil de programmation NetBeans IDE 6.0.1. Vu sa facilité d'utilisation, cet outil permet de créer plus rapidement et simplement des interfaces graphiques et d'affecter des fonctions aux composants de ces interfaces.

4.4.2.2. Microsoft Office Access

Comme SGBD, nous avons utilisé Microsoft Office Access, car avec cet outil on peut manipuler simplement les bases de données, en créant des tables, enregistrer les données, etc.

4.4.3. L'outil développé

La prédiction de la couverture radio peut faciliter le processus de la planification des réseaux Wifi en environnement indoor. En effet, notre outil développé consiste à une application qui prend en entrée les caractéristiques de l'antenne utilisée ainsi que celles du bâtiment concerné. Grâce à cette application, nous pouvons estimer la puissance du signal dans chaque point de l'espace. A chaque fois, on change la (les) position(s) de point(s) d'accès, et on teste la couverture radio de ce(s) point(s), pour qu'on puisse déterminer le nombre et les emplacements optimums des points d'accès.

4.4.4. La base de données

Il est indispensable d'enregistrer les données nécessaires pour nos tests, donc nous sommes obligés de créer une base de données contenant les tables suivantes :

- Table Bâtiment :

Figure 4. 1 : la table Bâtiment

- Table Antenne :

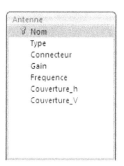

Figure 4. 2: La table Antenne

4.4.5. Les antennes utilisées

Les antennes Wifi fonctionnent à 2,4 GHz et 5 GHz, la puissance doit être 100 W (d'après les législations de Wifi). Nous avons choisi des antennes qui satisfont ces conditions. Les caractéristiques techniques de ces antennes sont enregistrées dans la table Antenne de notre base de données.

4.5. Description de l'outil développé

L'outil développé comporte quelques fenêtres qui sont représentées dans les figures ci-dessous.

La fenêtre de la figure 4.3 présente l'interface principale de l'application, cette fenêtre nous permet d'accéder aux autres fenêtres.

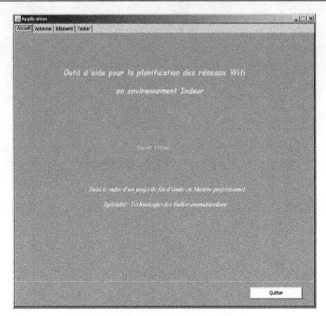

Figure 4. 3: la fenêtre principale de l'application

La fenêtre de la figure 4.4 permet de consulter, sélectionner et manipuler la liste des antennes enregistrées. En effet, le bouton **Ajouter** permet d'accéder à la fenêtre de la figure 4.5 pour ajouter une antenne à la liste, le bouton **Modifier** nous amène à la fenêtre de la figure 4.6 pour modifier une antenne de la liste et le bouton **Supprimer** nous permet de choisir l'antenne à supprimer (Figure 4.7).

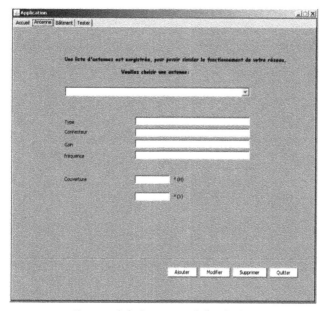

Figure 4. 4: la fenêtre Antenne de l'application

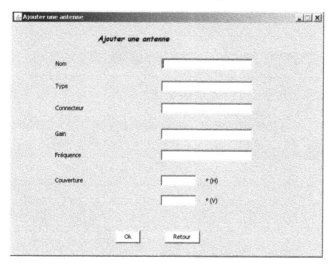

Figure 4. 5: Fenêtre d'Ajout d'une antenne

Dans la fenêtre de la figure 4.6, on doit choisir le nom de l'antenne à modifier.

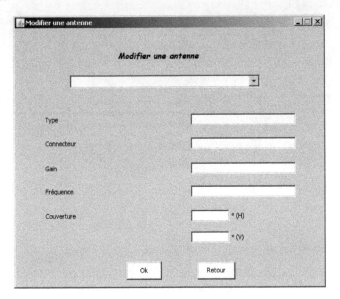

Figure 4. 6:Fenêtre de la modification d'une antenne

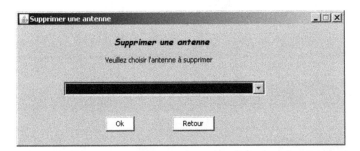

Figure 4. 7: Suppression d'une antenne

La fenêtre de la figure 4.8 permet de consulter, sélectionner et manipuler la liste des bâtiments enregistrés. En effet, le bouton **Ajouter** permet d'accéder à la fenêtre de la figure 4.9 pour ajouter un bâtiment à la liste, le bouton **Modifier** nous amène à la fenêtre de la figure 4.10 pour modifier un bâtiment de la liste et le bouton **Supprimer** nous permet de choisir le bâtiment à supprimer (Figure 4.11).

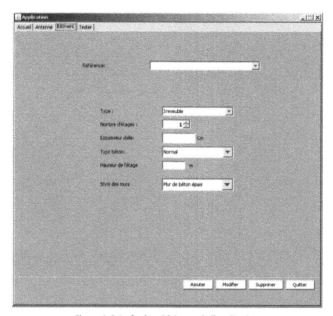

Figure 4. 8: La fenêtre Bâtiment de l'application

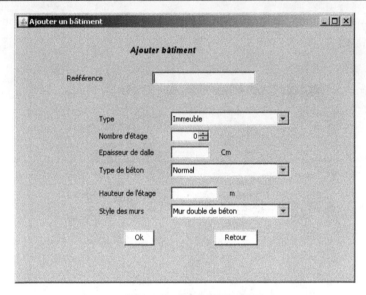

Figure 4. 9: Ajouter un bâtiment

Dans la fenêtre de la figure 4.10 (figure 4.11), on doit sélectionner la référence du bâtiment à modifier (supprimer).

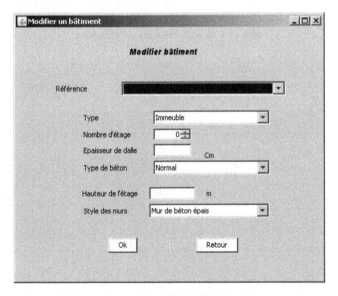

Figure 4. 10: Modifier un bâtiment

Figure 4. 11: Supprimer un bâtiment

Après avoir choisi l'antenne et le bâtiment concernés, on peut importer le plan du bâtiment (bouton **Importer plan**).

Le plan du bâtiment doit être présenté en respectant des règles de taille (échelle) et couleur (chaque type d'obstacle est présenté avec une couleur précise).

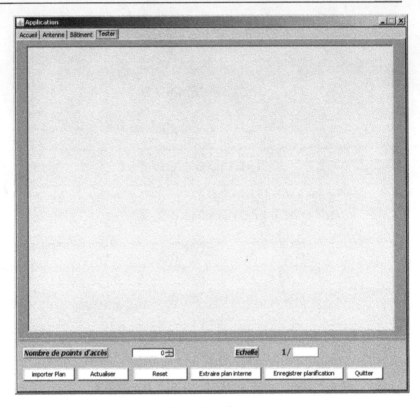

Figure 4. 12: La fenêtre Tester l'application

Après avoir importé le plan du bâtiment, on peut choisir le nombre de points d'accès et cliquer sur le bouton Actualiser, de grands points rouges seront placés, automatiquement, sur le plan. A partir de ces points, on peut glisser la souris, en suivant le trajet droit de l'émetteur au récepteur. Les valeurs retournées sont des entiers présentant le niveau de gris des pixels situés entre l'émetteur et le récepteur. En fonction de ces valeurs et en tenant compte l'échelle, on peut estimer la valeur de la puissance au niveau des récepteurs (les carreaux bleus) (Figure 4.13).

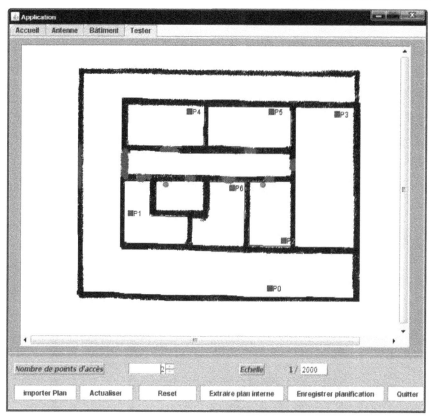

Figure 4. 13: Exemple de test

On peut extraire le plan interne du bâtiment (bouton **Extraire plan interne**) et enregistrer la planification (bouton **enregistrer planification**). Le résultat est :

✓ Un fichier image de type jpeg (Figure 4.14) représentant le plan du bâtiment ainsi que les points d'accès et les stations connectées.

✓ Un fichier texte représentant un rapport concernant la planification réalisée. Ce fichier contient: La référence du bâtiment concerné, le nom de poste ainsi que ses coordonnées et la puissance reçue avec le nombre des postes placés et la moyenne des puissances reçues par les postes, ce qui nous permet enfin d'évaluer notre planification.

Puisque le but de notre application est de donner le nombre et les positions des points d'accès, deux cas sont possibles: Si on connu au préalable le nombre et les positions des points d'accès, comme par exemple dans une administration…dans ce cas, on place les postes puis les points d'accès en tenant compte les positions de ces postes. Dans le cas contraire, on place les points d'accès, en essayant de couvrir toute l'espace qui peut être occupée par les postes, par exemple, pour les aéroports, les gares ou dans les cafés.

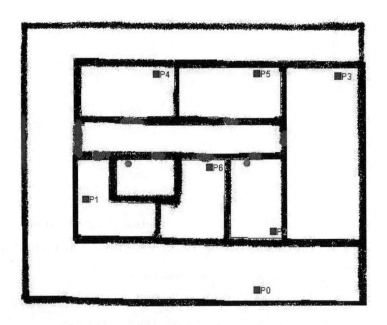

Figure 4. 14: Le résultat de la planification (jpeg)

Conclusion

L'outil développé nous aide à trouver l'emplacement optimal et le nombre des points d'accès, ce qui nous permet de gagner du temps ainsi qu'économiser le matériel lors de la planification des réseaux Wifi en environnement indoor.

Conclusion générale et perspectives

Conclusion générale et perspectives

En conclusion, on peut dire que l'Internet est indispensable pour notre vie professionnelle. En effet, nous sommes obligés à chercher les moyens permettant de se connecter à ce réseau. Plusieurs technologies sont conçues pour réaliser nos objectifs. Parfois, on cherche, avec un ordinateur portable sur l'épaule, au réseau Wifi dans des cafés ou des buvettes. Cette technologie est efficace et professionnelle, mais elle reste toujours limitée vu les offres des nouvelles technologies de réseau telles que Wimax.

Planifier un réseau Wifi, en environnement indoor, est une étape importante lors de l'installation. Dans le contexte de la planification de ce type de réseau, un grand nombre de chercheurs ont proposé des approches pour résoudre le problème. Mais, ça reste encore très compliqué de tenir en compte toutes les contraintes de l'environnement lors de la prédication de la couverture radio d'un point d'accès.

Lors de la rédaction de ce mémoire, nous avons eu l'occasion de découvrir plusieurs informations dans le domaine des réseaux sans fil. Nous avons eu aussi l'occasion de visiter le centre de transmission et consulter des équipements de réseau, lors du stage à la direction régionale de télécommunications.

En perspectives, nous comptons améliorer cette application en se basant sur d'autres approches de planification tenant compte des autres contraintes.

Références

[1] "Modélisation Stochastique de Réseaux Radio", Rapport de recherche, Jialiang LU et Fabrice Valois, Février 2005.

[2] "Simulation de la propagation des ondes radio en environnement multi-trajets pour l'étude des réseaux sans fil", thèse de Guillaume DE LA ROCHE, 2007.

[3] "Détection distribuée des paramètres de propagation indoor dans les réseaux sans-fils", Van Steyvoort Thomas, 2005- 2006.

[4] Xavier Lagrange, "Les réseaux radio mobiles", Hermes Science Europe Ltd, 2000.

[5] D. M. J. Devasirvatham. A comparison of time delay spread and signal level measurements within two dissimilar office buildings. IEEE transactions on Antennas and Propagation, Volume: 35(Issue 3):319-324, 1987.

[6] S.Y. Seidel et T.S. Rappaport. 914 MHz path loss prediction models for indoor wireless communications in multifloored buildings. IEEE transactions on Antennas and Propagation, Volume: 40(Issue: 2) :207-217, 1992.

[7] http://www.linuxpourtous.com/download/ ebook_wifi/ ebook _mars 2003.pdf

[8] http://pagesperso-orange.fr/wallu/dslam.jpg)

Abréviations

AP: Access Point

BLR: Boucle Locale Radio

BSS: Basic Service Set

CCA: Clear Channel Assessment

CSMA/CA: Carrier Multiple Access with Collision Avoidance

CSMA/CD: Carrier Multiple Access with Collision Detection

DCF: Distributed Coordination Function

DECT: Digital Enhanced Cordless Telecommunication

DIFS: DCF IFS

DIFS: Distributed Inter Frame Space

DIFS: Distributed Inter Frame Space

DSLAM: DSL Access Multiplexer

DSSS: Direct Sequence Spread Spectrum

ESS: Extended Service Set

ESSID: Extended Service Set Identifier

ETSI: European Telecommunications Standards Institute

FHSS: Frequency Hopping Spread Spectrum

GPRS: General Packet Radio Service

GSM: Global System for Mobile Communication ou Groupe Spécial Mobile

hiperLAN2: High Performance Radio LAN 2.0

HomeRF: Home Radio Frequency

IBSS: Independent Basic Service Set

IEEE: Institute of Electrical and Electronics Engineers

IFS: Inter Frame Spacing

IR: InfraRouge

ISM: Industrial Scientific Medical

ISO: Organisation internationale de normalisation

IV: Initialisation Vector

LLC: Logical Link Control

MAC: Medium Access Control

MIMO: Multiple-Input Multiple-Output

NAV: Network Allocation Vector

OFDM: Orthogonal Frequency Division Multiplexing

OSI: Open Systems Interconnection

PCF: Point coordination Function

PIFS: PCF IFS

PLCP: Physical Layer Convergence Protocol

PMD: Physical Medium Dependeur

SIFS: Short IFS

SSID: Service Set IDentifier

UMTS: Universal Mobile Telecommunication System

U-NII: Unlicensed- National Information Infrastructure

WECA: Wireless Ethernet Compatibility Alliance

WEP: Wired Equivalent Privacy

Wifi: Wireless Fidelity

WLAN: Wireless Local Area Network

WMAN: Wireless Metropolitan Area Network

WPAN: Wireless Personal Area Network

WWAN: Wireless Wide Area Network